Das Einmaleins der Aalzähmung
Schaffen Sie sich einen treuen Begleiter

Bruderschaft Aalmolke

Das Einmaleins der Aalzähmung

Schaffen Sie sich einen treuen Begleiter

Bibliografische Information der Deutschen Nationalbibliothek
Die Deutsche Nationalbibliothek verzeichnet diese Publikation in der Deutschen Nationalbibliografie; detaillierte bibliografische Daten sind im Internet über http://dnb.d-nb.de abrufbar.

ISBN: 9783734728877

Copyright (2023) Bruderschaft Aalmolke
Herstellung und Verlag: BoD - Books on Demand, Norderstedt
Alle Rechte bei dem Autoren.

14,99 Euro

Sie haben selbst eine Aalfarm oder wissen, wo sie natürlich vorkommen und haben viel Kontakt mit ihnen? Ich kann auf jeden Fall verstehen, dass sie einen Aal zähmen wollen. Es sind so schöne, elegante Tiere und wenn man erst einmal mit einem befreundet ist, dann für das ganze Leben.
In unserer Aalmolkerei haben wir selbst viele Aalfreunde. Es ist gar nicht so schwer, näheren Kontakt zu erhalten.
Dieses Buch gibt Hilfestellung.

Ihre Bruderschaft Aalmolke
Heiner und Lothar

Das ist Franziskus Vaumel. Er ist der Begründer der Bruderschaft Aalmolke und hatte dreiundvierzig Aalfreunde, die er sich selbst erzähmt hat. Von ihm stammt das Einmaleins der Aalzähmung.

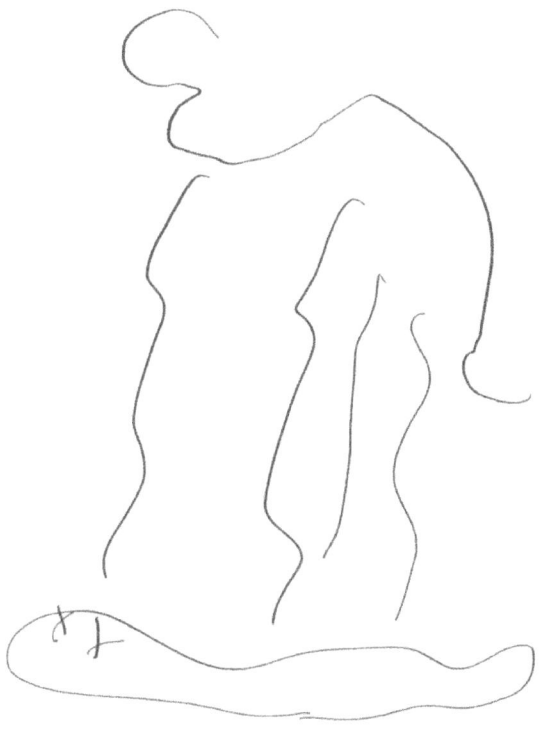

Erst einmal betäuben. Hierzu ein paar
Knoblauchzehen, Zwiebeln und Fishermans Friend,
dann Fisch schnell raus, hinlegen und richtig dolle
ausatmen.
Bei Glück verursacht es einen Restart des Gehirns, der
Aal wacht auf, sieht Dich und denkt, er sei auch ein
Mensch und Du die Mama.

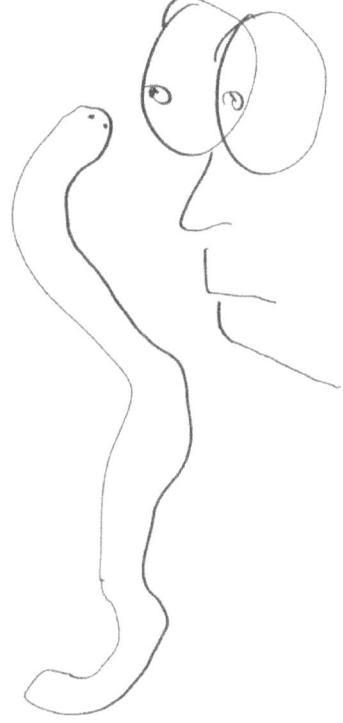

Sie werden schnell merken, wenn ein Aal sie anschaut.
Wenn er es tut, so ist es ein schlauer kleiner Schwengler
und sie können einmal ein wenig näher an ihn gehen.
Wer zuerst blinzelt, verliert und fügt sich dem anderen.
Ein Risiko, aber am Ende haben sie einen Aal gezähmt.

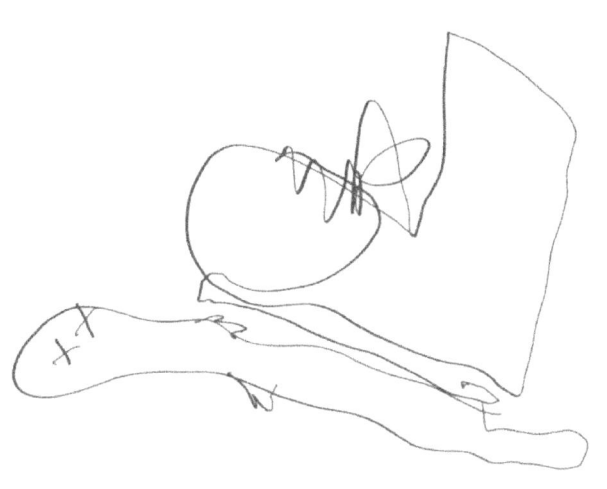

Ein fixierter Aal muss sich irgendwann seinem Schicksal ergeben. Treten Sie nur leicht auf ihn. Er wird sich erst totstellen, dann wie verrückt zappeln und am Ende geben Sie ihm einen kleinen Vertrag, den er bezüngeln soll: Dann gehört er ihnen!

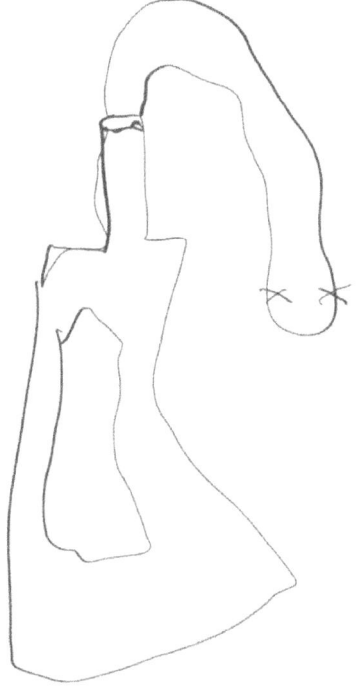

Das Ende eines Aals kann man perfekt in einen Flaschenhals stecken. Dann wird er immer wieder nach oben steigen, schwanken und dann fällt er. Stellt man ihn mitten auf den Tisch, kann man ihn mit einem Finger umherschnippsen. Nicht nett, aber ein ungezähmter Aal ist einfach nur ein Lappen mit gedickt Fleischblutkram drin. Er hat bis vor seinem Tod immer wieder die Chance gezähmt zu werden. Er sollte sie bewusst nutzen.

Die Frau unseres Firmengründers hat sich einmal auf einen Riesenaal gesetzt und ist mit ihm über alle Wiesen Deutschlands gedüst. Am Ende wurde sie ihn nicht mehr los. Ergo: Auch gemeinsame Erlebnisse und Druck am Rücken erbringt Freundschaft.

Aal muss man streicheln.

Wer so aussieht, der brauch es bei einem Aal gar nicht erst probieren. Ein Aal misst die Menschen nach Schönheit ab. Grimassierende entstellte Gesichter sind ihm zuwider. Er wird wahrscheinlich bei der ersten möglichen Situation losbeißen.

Wer einen fallenden Aal fängt, der fängt und erweckt einen Fischfreund.

Hier hat sich ein Mitarbeiter aus Testzwecken je einen Aal an seinen Arm gebunden. Resultat: Es kitzelt in der Achsel

Beäugen Sie bei den Zähmungen stets den Himmel, besonders bei der Beatmung und Betäubung. Vögel warten nur auf narkotisierte Aale.

Man kennt ja den Spruch: „Den Schweinen, die Aale vorwerfen", aber es ist anders. Dieses Schwein könnten 8 Aale in 2 Minuten fressen und wenn sie so ein Schwein in eine Zuchtanlage mitbringen, haben sie eigentlich alle Aale gezähmt. Aale sind die dankbarsten Geschöpfe, die es gibt.

Wenn Sie mit den Aalen richtig dicke sind, so können sie ihn selbst als Schal tragen. Er wird sich dann schlafen legen, sich verankern und sie haben einen tollen Wegbegleiter.

www.ingramcontent.com/pod-product-compliance
Lightning Source LLC
LaVergne TN
LVHW051926060526
838201LV00062B/4713